CIRCULAIRE

DE LA

SOCIÉTÉ

DES

AMIS DE LA LIBERTÉ ET DE L'ÉGALITÉ,

SÉANTE AUX CI-DEVANT JACOBINS, SAINT-

HONORÉ, A PARIS.

Du 26 Mars 1793, l'an 2ᵐᵉ. de la République

Française.

FRERES ET AMIS,

Nous vous avons souvent parlé le langage
des passions; nobles compagnes de la liberté.
Ici nous vous tiendrons celui de la froide
raison qui n'est pas moins son amie. Nous

A

n'avons eû que trop d'occasions de compa-
rer la cour de Roland et sa femme, depuis
le 10 août, jusqu'au commencement de Fé-
vrier, avec celle de Louis Capet et de Marie
Antoinette, pendant les six mois précédens.
Aujourd'hui nous vous devons le parallèle
du comité de Brissot, Guadet, Gensonné et
Vergniaud avec le comité autrichien que leur
ambition a remplacé ; du ministère qui a pré-
cédé le 10 août, avec partie du ministère
actuel, de la conduite de Dumourier avec
celle de la Fayette, de Miranda avec Jarry,
de d'Harambure avec Dillon, Lanoue et
Steinger avec tant d'autres généraux qui ont
commandé nos armées l'année dernière.

Il y a un an, une cour corrompue et dé-
sorganisatrice de la France, un ministère
perfide, des généraux traîtres, des administrateurs aristocrates - royalistes ont mis l'état
sur le bord du précipice. Une assemblée nationale, moitié perverse, moitié faible, étoit
incapable de sauver les Français.

Pour les perdre plus sûrement, on a fait
entrer une de nos armées dans la Belgique,
sous les ordres de Luckner. Jary a incendié
Courtray. On a fait quitter ce pays à notre
armée.

Dumourier en commandait une autre, avoit pour second Beurnonville.

La Fayette étoit à la tête d'une troisième. On a vu les effets de la tactique de ses cantonnemens perfides. Le traître s'est enfin démasqué entièrement lui-même. Il a fui une terre qu'il n'avoit pu asservir.

Dumourier a quitté l'armée du Nord, pour aller s'opposer aux progrès du roi de Prusse et de ses alliés, devenus maîtres de Longwi et Verdun. Nos généraux ont eu successivemeut des succès tels ; qu'après l'évacuation de notre territoiie par l'ennemi, il a été dit assez généralement par tous les gens du métier que si Dumouriei n'eût pas mêlé la politique à la guerre vis-à-vis de Guillaume Frédéric ; s'il eut poursuivi avec vigueur cet Attila moderne, les plaines de la Champagne et le territoire de Verdun et Longwi auroient été le tombeau de l'armée prussienne.

Mais Dumourier étoit pressé alors de conquérir la Belgique. Il n'a pas même attendu pour revenir à Paris, que les armées ennemies eussent dépassé nos frontières, il s'est présenté à la société des jacobins, il y a parlé avec une feinte modestie. Un orateur franc et loyal ne lui a pas dissimulé qu'on craignoit que le général français n'eût eu trop de ménagement pour le roi prussien. Dumourier a esquivé le compliment par un sourire équivoque

Cependant Dumourier est entré dans la Belgique avec une armée considérable. Les avantages qu'il y a obtenus lui avoient été facilités de toutes les manières. Comité revolutionnaire des Belges. Commissaires de l'assemblée nationale. Commissaires du Conseil exécutif. Tous les trésors dé la république. Dumourier a dit, avoir mis lui-même à contribution les trésors du pays.

En quittant le ministère, Dumourier paroissoit s'être brouillé avec Brissot, Guadet, Vergniaud, Gensonné. Six millions mis à la disposition du premier ont été une des causes de la querelle. Brissot à écrit à Dumourier des lettres qui ont été imprimées, qui sont restées sans réponse ; quoique l'honneur et la délicatesse la commandassent impérieusement. Le silence de Dumourier l'a fait mésestimer sans retour par tous les observateurs honnêtes.

Au 10 août 1792, Rolland, Servant et Claviere étoient rentrés au ministère par l'ascendant de la faction de Brissot et de la Gironde.

Servan s'étant rendu justice, le citoyen Pache lui a succédé; après avoir été désigné à la convention par Rolland lui - même et par le journal de Brissot et autres.

Pache qui n'étoit pas fait pour être leur esclave, qui avoit une opinion à lui, qui n'aimoit pas les d'Espagnac et autres entours de Dumourier. Pache qui défendoit au conseil exécutif et dans la convention les bons principes, la république française et la cité de Paris; Pache s'est rendu par là odieux à Rolland. Claviere, Dumourier, Brissot et Consors. Cette communauté d'intérêt contre le citoyen Pache a été vraisemblablement une des causes de la réunion de Dumourier, Brissot et des trois Girondins. Il falloit, de plus, mettre au ministère de la guerre un homme dévoué à ces factieux. Ils ont jetté les yeux sur une créature de Dumourier; et un des stratagêmes les plus adroits de Brissot a été de faire concourir la *Montagne* elle-même au choix de Beurnonville. Guadet, Gensonné, Vergniaud s'étoient compromis par une lettre écrite au ci-devant roi en juillet 1792 ; lettre par laquelle ils interposoient leur médiation entre lui et la Nation.

Brissot avoit toujours été très-secretement et très - adroitement l'ami de la Fayette., il étoit son continuateur.

La journée du 10 août les avoit déconcertés. Comment s'y prendre pour sauver le tyran, *qui avoit des preuves écrites de leur duplicité.* Il est vrai qu'il ne pouvoit de son côté, les perdre, sans ajouter aux preuves contre lui-même. De-là les délais, les biais employés par eux, d'abord pour éloigner le jugement, ensuite pour sauver la vie au tyran par un appel aux assemblées primaires, qui auroit causé la guerre civile ; enfin les efforts pour un surcis à l'exécution du jugement à mort.

La faction n'avoit pu, d'emblée, tenter de conserver le trône au tyran, ni même à son fils; mais elle ménageoit à ce dernier, dans l'avenir, la royauté par le fédéralisme, gouvernement monstrueux qui lui auroit redonné la naissance; aussi les députés purs à la Convention se sont empressés de faire déclarer la République *une et indivisible.*

Dumourier a écrit souvent en maître à la convention, tantôt en faveur de d'Es-

pagnac, Malus, Petitjean et autres agioteurs;
c'est-à-dire en faveur de lui-même; tantôt
contre le décret du 15 décembre , sur lequel
il a osé mettre une espèce de *veto*.

La conquête de la Belgique à la liberté
n'étoit pas achevée, et encore moins conso-
lidée , que Dumourier aspiroit a une autre,
celle de la Hollande.

Il laisse donc dans la Belgique ses lieu-
tenans , et fait quelques progrès dans les
possessions du Stathouder.

Pendant ce tems, et le premier Mars
1793 , Lanone et Steingel, suivant l'exemple
de Lafayette, cantonnent leur armée sur
14 lieues de pays. Une armée ennemie pé-
nétre , sans même avoir été apperçue; s'em-
pare d'Aix-la-Chapelle et Liège.

Alors Dumourier revient dans la Belgique;
y fait des actes de dictateur , non pas contre
Lanoue et Steingel , mais contre les commissaires du pouvoir exécutif et autres fonctionnaires publics, comme aussi contre les
sociétés populaires.

C'est ainsi que Lafayette avoit donné des
lois au département des Ardennes et autres
autorités constituées des pays où il com-

mandoit. Il avoit aussi ordonné à l'assemblée législative la dissolution des clubs.

Le 12 Ma , Dumourier écrit à la convention une lettre inconcevable, présage affreux de tout ce qui a suivi. Cette lettre, comme tant d'autres, renfermée dans le comité de défense générale n'a vu le jour que long-tems après. (1)

Cinq jours après la date de cette lettre contre - révolutionnaire, et le 17 mars, Miranda, nouveau Jarry, fait battre par l'ennemi l'aîle gauche de l'armée commandée en chef par Dumourier, *qui ne se plaint que des soldats, et ne veut plus que ceux-ci continuent de nommer leurs officiers.*

Cependant cet intrigant se croit obligé de revenir sur sa lettre du 12, par un mot d'écrit entortillé, en date du 21, à la convention; il demande la suspension du rapport sur cette lettre.

Le 23 il se démasque entièrement, et propose d'abandonner la Belgique,

La Hollande est aussi abandonnée,

_____

(1) Les comités cachent les objets les plus importans à la convention, qui en fait elle-même mistère à la nation.

C'est ainsi que ce général, errant de la Champagne en la Belgique; de la Belgique en la Hollande; revenu de là dans la Belgique, osera, sans doute, reparoître sur le territoire français, après avoir épuisé le sang des soldats et les trésors de la France, et nous avoir trahi par-tout. Du moins le traître Lafayette est allé cacher ses forfaits dans une terre étrangère.

Nous ignorons quelles ont été les conditions de Dumourier avec le roi de Prusse dans la Champagne, avec l'empereur dans la Belgique, avec le *Stathouder* et le roi d'Angleterre dans la Hollande; mais ce qu'il y a de sensible aux yeux les moins clairvoyans; c'est que Dumourier a secondé à merveille la politique de Brissot, Gensonné, Vergniaud et Guadet. Ceux-ci s'étoient toujours opposés, dans la convention et dans leurs journaux et écrits, *à la réunion* des pays coutigus à la République; ils n'ont pu en venir à bout par eux-mêmes. Eh bien! ils y sont parvenus au moyen de la tactique perfide d'un général sans principes moraux, ne connoissant de dieux que l'ambition, l'or et la débauche.

Brissot, Gensonné, Vergniaud et Guadet n'ayant pu sauver le tyran, *dont les défenseurs ont des preuves écrites contr'eux*, malgré les soustractions faites par Rolland de certaines pièces de l'armoire de fer, ces quatre traîtres, nouveaux membres du comité autrichien, prussien et anglais, ont dit au général, leur complice : *Faisons notre paix avec l'Autriche, la Prusse et la Hollande, en abandonnant les conquêtes dans la Belgique et la Hollande. Le général les a abandonnées.*

Brissot est le *Lafayette* civil, renforcé par les trois Girondins.

Dumourier est le *Lafayette* militaire, beaucoup plus dangereux que n'a été celui-ci, parce qu'il a incomparablement plus de moyens.

Miranda est le *Jarry* ; Lanoue, Steingel, d'Harambure nous rappellent tant d'autres généraux qui nous ont trahi l'année dernière.

Beurnonville, créature de Dumourier, qui est réellement ministre de la guerre, sous le nom du premier ; Beurnonville qui est absolument incapable, s'il n'est pas perfide, a sucédé aux Narbonne, aux d'Abancourt, et à cette foule de ministres de la guerre qui n'ont fait que paroître successivement sous le généralat-dictatorial de Lafayette.

Cette succession rapide de ministres, avant le 10 août, avoit pour objet de tout désorganiser.

Aujourd'hui c'est la même tactique.

A l'égard de Claviere, il ne s'opiniâtre dans sa place que pour perdre nos finances par son inertie et son insouciance depuis qu'il est ministre, lui qui, pendant la session de l'assemblée constituante et celle de l'assemblée législative, dont il étoit député-supléant, occupoit sans cesse le public de projets sur les finances.

Au surplus, frères et amis, Claviere s'est trop fait connoître, pour que nous ayons besoin de vous rappeler ici toute sa conduite déloyale,

Comment concevoir que le conseil exécutif, ou quelqu'un de ses membres n'ait reçu ou n'ait donné à la convention aucun éveil relativement au plan et aux préparatifs de la guerre civile qui ravage le Nord-Ouest de la France. L'armée des contre-révolutionnaires, divisée en trois corps, est de 40000 hommes, et cette guerre, ils la font avec art et dans les règles.

Sous l'ancien régime, l'administration des postes n'auroit-elle pas averti à l'avance le gouvernement d'une pareille conspiration? Que penser donc des cinq administrateurs actuels? que penser de Claviere, leur chef et protecteur?

Frères et amis, les maux de la République sont au comble : que la nation se lève, que les départemens s'expliquent et fassent justice de Brissot, Gensonné, Vergniaud, Guadet; du général Dumourier, de tous autres généraux conspirateurs, de Claviere et Beurnonville, des cinq administrateurs-généraux des postes, et de tous autres fonctionnaires publics traîtres à la patrie.

> *Signé* LA FAYE, *Vice-Président;*
> Brival, Jay, *députés.* Deguagné,
> Gaillard, Fouquier-Tainville,
> Renaudin, *Secrétaires.*

De l'imprimerie patriotique et républicaine, rue Saint-Honoré, n°. 355, vis-à-vis, l'Assomption.

www.ingramcontent.com/pod-product-compliance
Lightning Source LLC
Chambersburg PA
CBHW061813040426
42447CB00011B/2636